BEI GRIN MACHT SICH IHR
WISSEN BEZAHLT

Einführung in die Psychologie. Auswirkungen von Erkenntnissen der klassischen Philosophie auf die heutige Psychologie als Wissenschaft

Erkenntnisgewinnung in der Emotionsforschung

Bibliografische Information der Deutschen Nationalbibliothek:

Die Deutsche Nationalbibliothek verzeichnet diese Publikation in der Deutschen Nationalbibliografie; detaillierte bibliografische Daten sind im Internet über http://dnb.d-nb.de abrufbar.

ISBN: 9783346504951
Dieses Buch ist auch als E-Book erhältlich.

© GRIN Publishing GmbH
Nymphenburger Straße 86
80636 München

Druck und Bindung: Books on Demand GmbH, Norderstedt Germany
Gedruckt auf säurefreiem Papier aus verantwortungsvollen Quellen

Das vorliegende Werk wurde sorgfältig erarbeitet. Dennoch übernehmen Autoren und Verlag für die Richtigkeit von Angaben, Hinweisen, Links und Ratschlägen sowie eventuelle Druckfehler keine Haftung.

Das Buch bei GRIN: https://www.grin.com/document/1132973

EINSENDEAUFGABE

Einführung in die Psychologie

Alternative C

Studiengang: B.Sc. Psychologie

Modul: Einführung in die Psychologie

Abgabe am: 26.05.2019

2

Inhaltsverzeichnis

Abkürzungsverzeichnis

bzw.	beziehungsweise
Chr.	Christus
d.h.	das heißt
eng.	englisch
et.al.	und andere
o.ä.	oder ähnliches
S.	Seite
v.	vor
Vgl.	Vergleiche
z.B.	zum Beispiel

1 Die Auswirkung der grundlegenden Erkenntnisse der klassischen Philosophie auf die heutige Psychologie als Wissenschaft

1.1 Erkenntnisse der Psychologie in der griechischen Antike

Die Auseinandersetzung mit der menschlichen Psyche geht zurück bis in die Antike. Erste Theorien über die Seele des Menschen entsprangen der Philosophie im antiken Griechenland. Der Begriff der Seele findet in der heutigen Psychologie keinen Gebrauch mehr. Die Verwendung des Begriffes fand sich in der antiken Philosophie, bevor sich die Psychologie als ein wissenschaftliches, eigenständiges Fach etablierte. Auch ohne die Erkenntnisse der heutigen Psychologie, versuchten die Philosophen der griechischen Antike durch rationales Denken die Persönlichkeit des Menschen zu erfassen.[1]

1.1.1 Erkenntnisse des Philosophen Sokrates

Obwohl der Philosoph Sokrates (469 – 399 v. Chr.) keine seiner Gedanken verschriftlichte, konnten diese durch seine Lehrlinge überliefert werden. Auf diesem Weg erschuf er die sogenannte Mäeutik, eine sokratische Fragetechnik. Diese Technik setzte kein logisches Denken voraus, denn sie lebte davon, den Gegenüber durch Fragen zu den richtigen Erkenntnissen zu führen. Viel wichtiger war hierbei die Einschätzung des Gesprächspartners, um neue Fragen zu stellen, die dem Ziel der Erkenntnisgewinnung für beide Gesprächsteilnehmer näherkommen. Der Begriff Mäeutik beschreibt die Geburt des Wissens und wird aufgrund dessen als Hebammenkunst bezeichnet.[2]

1.1.2 Erkenntnisse des Philosophen Platon

Platon (427 – ca. 347 v. Chr.), Schüler von Sokrates, lässt erkennen, dass nach einer mythischen (*mythos*) Denkweise, eine rationale (*logos*) Reflexion folgt. Zudem spricht er von einer Trennung zwischen Körper (*soma*) und Seele (*psyche*), die in einem widerkehrenden Konflikt stehen. Der Kern des Menschen, also seine Lenkung, ist die *psyche* und

---

[1] Vgl. *Sprung/Sprung* (2010), S. 20; *Schmithüsen* (2015), S. 5
[2] Vgl. *Reuter* (2014), S. 33

sein Selbst (*autos*).[3] Der *soma* des Menschen hat eine zeitliche und räumliche Begren-
zung, wobei die *psyche* als unsterblich gilt. Die Seele als Zentrum des Menschen wird
von Platon wie folgt in drei Bereiche unterteilt: die Vernunft (*logistikon*), der Mut bzw.
Zorn (*thymoeides*) und die Begierde (*epithymêtikon*).[4] Das heißt hier finden Prozesse wie
Erkennen, Wahrnehmen, Fühlen/Empfinden, Begehren/Streben und Bewegung statt. Dies
wird durch die Zusammenführung aller Sinnesorgane ermöglicht. Ob und wie ein Sinn wahrgenommen wird, hängt dabei vom wahrgenommenen Objekt sowie der Verarbeitung ab. Eine
Empfindung betrachtet Platon als eine im Affekt entstandene Handlung, während Phänomene
wie die Begierde, Lust, Schmerz und Freude als ein primär seelischer Zustand charakterisiert
werden. Eine Definition für Affekt findet sich in Platons Schriften nicht, dennoch verbin-
det er die Thematik des Affekts mit der der Lust- und Schmerzempfindung. Hierbei werden Lustgewinn sowie Schmerzvermeidung in den Vordergrund gestellt.[5]

1.1.3 Erkenntnisse des Philosophen Aristoteles

Aristoteles (384 – 322 v. Chr.) befasste sich mit der Psychologie, vor allem in der Rolle
als Politiker. Er grenzte den Begriff der *psyche* ab, denn für sein Verständnis weisen auch
Tiere und Pflanzen eine *psyche* auf, was einer höheren emotionalen und geistigen Funk-
tion entgegensteht. Diese setze er nämlich voraus, um eine Entfaltung psychische Poten-
ziale zu entwickeln.[6] Während die pflanzliche Seele, auch *vegetative* Seele genannt, nur
die Fähigkeiten der Ernährung, des Wachstums und der Reproduktion aufweist, ist die
tierische Seele, auch *animalische (wahrnehmende)* Seele, zusätzlich mit Fähigkeiten der
Wahrnehmung, dem Begehren und der zielgerichteten Bewegung, ausgestattet. Die
menschliche Seele, als ausgeprägteste von allen, bietet zu allen Fähigkeiten der *vegetati-*
ven und *animalischen* Seele, noch das Denken und gilt daher als die *Seele der Vernunft*.[7]
Da Aristoteles die Seele dreiteilt, ist diese Theorie auch als dreistufige Seelentheorie be-
kannt.[8] Auch sieht Aristoteles keine strikte Trennung wie sein Vorgänger Platon von Leib
und Seele vor, sondern betrachtet den Körper als eine Materie und die Seele als die Form,
die ihn belebt.[9] Die Seele ist zwar kein Teil des Körpers im direkten Sinne, kann jedoch

---

[3] Vgl. *Høystad* (2017), S. 43
[4] Vgl, *Knoll* (2017), S. 223 – 224
[5] Vgl. *Horn* et al. (2017), S. 147–149
[6] Vgl. *Knoll* (2017), S. 279–280
[7] Vgl. *Beckermann* (2011), S. 14
[8] Vgl. *Carrier/Mittelstrass* (1989), S. 11
[9] Vgl. *Knoll* (2017), S. 279–280

nicht unabhängig vom Körper existieren.[10] Mit der Auseinandersetzung der Thematik von Leib und Seele, stieß Aristoteles auf das sogenannte „Leib-Seele-Problem". Dieser Begriff wird vor allem mit Aristoteles in Verbindung gebracht, da er in seiner ersten Schrift *Peri psychēs* vor allem die Erkenntnisse Platons hinterfragt und das Thema neu beleuchtet. Das „Leib-Seele-Problem" befasst sich mit der Frage der Konsistenz der Seele. Es wird dabei erörtert, ob die Seele eine materielle Substanz ist, die haptisch ist oder als etwas Unantastbares und Höheres definiert werden muss.[11]

Aristoteles' Seelenlehre befasste sich in der *Nikomachischen Ethik* erweitert zu der platonischen Vierheit der Tugend (*Aretai*), worunter Weisheit, Tapferkeit, Besonnenheit und Gerechtigkeit fällt. Ebenso beschäftigte er sich mit Großzügigkeit, Hochsinnigkeit, Ehrliebe, ruhiges Wesen, Freundschaft, Gewandtheit und Schamgefühl. Diese Tugenden nähren das Seelenleben, um in Kontakt mit der Außenwelt zu treten. Hier stoßen Menschen jedoch auf die Schwierigkeit der Vorstellung einerseits und Umsetzung andererseits. Das Streben nach Glück *(Eudämonie)* geht einher mit der Erfüllung und Einhaltung der Tugenden. Die Komplexität der Umsetzung dieser Tugenden wird durch Betrachtung der Ebenen der Beherrschtheit und Unbeherrschtheit sowie Lust und Unlust deutlich.[12]

Aristoteles wird aufgrund seiner Erkenntnisse, auch im Hinblick auf den heutigen Wissenstand der Psychologie als „der erste Psychologe" der Psychologiegeschichte bezeichnet.[13]

1.2   Persönlichkeitspsychologie

Die Persönlichkeit des Menschen kann als Gesamtkonzept seiner einzigartigen Erscheinung und Konstanz seines Erlebens und Verhaltens verstanden werden. Sie entwickelt und verändert sich im Laufe des Lebens eines Menschen und wird in komplexer und differentieller Weise von der Umwelt geprägt.[14] Die Psychologie der Persönlichkeit kann allgemein – oder differentialpsychologisch ausgeführt werden, wird jedoch meistens als Differentielle Psychologie identifiziert. Die Differentielle Psychologie widmet sich nicht-pathologischen und pathologischen *traits* und *states*. Die Persönlichkeitspsychologie nur nicht-pathologischen *traits*.[15] *States* sind von der Situation und Umgebung abhängige im Laufe der Zeit instabile Eigenschaften. *Traits* hingegen sind stabil ausgeprägt und von

---

[10] Vgl. *Beckermann* (2011), S. 15
[11] Vgl. *Reuter* (2014), S. 36–37
[12] Vgl. *Reuter* (2014), S. 38–39
[13] Vgl. *Høystad* (2017), S. 53
[14] Vgl. *Herzberg/Roth* (2014), S. 7
[15] Vgl. *Rauthmann* (2017), S. 4–5

7

anderen inneren wie auch äußeren Faktoren kaum beeinflusst.[16] Die Persönlichkeitspsychologie als Wissenschaft legt ihren Fokus im Gegensatz zur allgemeinen Psychologie auf die Unterschiede in den Persönlichkeiten.[17]
Die Forschung in der Persönlichkeitspsychologie geht von einem Vergleich zu einer Referenzpopulation von Menschen gleichen Alters und gleicher Kultur aus.[18]

1.3 Erkenntnisse der Psychologie in der griechischen Antike auf die heutige Psychologie anhand eines Beispiels aus der Persönlichkeitspsychologie

Das Selbst ist seit Platons und vor allem Aristoteles` Erkenntnissen ein weitläufiges Thema in der Psychologie, speziell in der Persönlichkeitspsychologie. Die derzeitige Forschung legt dabei das Hauptaugenmerk auf den Vergleich zwischen Real- und Ideal-Selbst. Geforscht wird auch, inwieweit die Umwelt, z.B. soziale Normen einen Einfluss auf das Selbst haben und ob damit eine Einstellungs-Verhaltens-Konsistenz einhergeht.[19] Anfängliche Theorien hierzu wurden vor allem in Aristoteles` *Nikomachischen Ethik* thematisiert. Die heutige Forschung in der Psychologie erkannte, dass es nur wenige Untersuchungen gibt, die die Selbstaufmerksamkeit in Verbindung mit motorischen Fähigkeiten untersuchen. Daher war es das Ziel der Forschenden der Untersuchung „Self-Focused Attention and Motor Skill Failure" aus dem Jahr 2016 herauszufinden, ob zwei unterschiedliche Persönlichkeitstypen (verstands- und handlungsorientiert) bei Einflussnahme auf ihre Selbstaufmerksamkeit in ihren motorischen Fähigkeiten unterscheiden. Die Verbindung zur Aristoteles Seelenlehre kann hierbei übergreifend herangezogen werden. Er differenzierte die *vegetative* Seele, die *animalische* Seele und die *Seele der Vernunft*. Während die Bewegung ein Teil der *animalischen* Seele darstellt, ist der Verstand ein Teil der *Seele der Vernunft*. Genauer ist hier eine klare Unterscheidung der Motorik zur menschlichen Gedankenwelt, die auch eine Aufmerksamkeit des Selbst innehält, erkennbar. Grundlegend ist dabei zu beachten, dass die Intensität des Effekts der Selbstaufmerksamkeit abhängig von dem Persönlichkeitstyp des Individuums ist. Hierbei unterscheidet man elementar zwischen der handlungsorientierten Persönlichkeit, welche den Fokus auf praktisches Handeln als Mittel der Aufmerksamkeit nutzt und der verstandsorientierten

---

[16] Vgl. *Buddeberg* (2004), S. 259
[17] Vgl. *Asendorpf* (2012), S. 2
[18] Vgl. *Asendorpf* (2012), S. 8
[19] Vgl. *Bergius* (2018)

Persönlichkeit, welche den Fokus im Wesentlichen auf sich selbst beziehungsweise ihren Verstand legt.

Ebenfalls von Relevanz ist hierbei, dass der motorische Lernprozess im Wesentlichen aus drei Stufen besteht. Zunächst befindet sich der Lernende in der kognitiven Stufe, der Anfängerstufe, in der er Schritt-für-Schritt Übungen durchführt, um sich grobes Wissen über den Bewegungsablauf aneignet. Ab einem gewissen Lernstand kann der Lernende die motorischen Bewegungen mit ausführlicherem Wissen und Verhaltenserfahrungen kombinieren. Dies ist die assoziative Stufe. Somit kann der Lernende seine motorische Leistung weiter verbessern. Sobald der Lernende die autonome Stufe erreicht hat, ist es ihm, ohne (oder mit sehr geringer) Anstrengung möglich die Tätigkeit auszuführen.

Wenn nun eine Versuchsperson aus der assoziativen Stufe einer bestimmten Fähigkeit, beispielsweise dem professionellen Gitarre spielen, während des Spielens mit sich selbst konfrontiert wird (z. B. Spiegel, Kameras oder auf Fähigkeiten ansprechen), können daraus zwei verschiedene Folgen gezogen werden. Gemäß dem Fall, dass derjenige eine handlungsorientierte Persönlichkeit hat, so ist es wahrscheinlich, dass diese Konfrontation keine oder kaum negative Folgen auf sein Spiel, sondern womöglich sogar positive, haben wird. Wobei derjenige, wenn er verstandsorientiert ist, wahrscheinlich stärkere Qualitätseinbußen haben wird, da die Versuchsperson anfangen wird über das Spielen, das Aussehen dabei o.ä. nachzudenken, und somit den Fokus des Spielens selbst vernachlässigt. Da die verstandsorientierte Persönlichkeit leichter auf das Selbst fokussiert wird und diesen Fokus schwerer wieder ablegen kann.

Die Untersuchung wurde in einer Sporthalle, in der Basketballspielen möglich ist mit allen Beteiligten und normalen Materialien (Halle, Korb, Basketball) in Amerika durchgeführt. Es nahmen insgesamt 62 semiprofessionelle Basketballspieler (14 Frauen, 48 Männer) freiwillig an der Studie teil, die zumindest schon einmal in der regionalen Basketballliga teilnahmen oder regelmäßig an Wettbewerben teilnehmen. Das Durchschnittsalter betrug dabei 25,02 Jahre. Alle Versuchspersonen wurden vor Durchführung der Studie allgemein, jedoch nicht über die genauen Inhalte der Studie informiert und willigten den Teilnahmebedingungen ein. Die Teilnehmer schossen gemäß den Regelungen der internen Basketball Föderation Freiwürfe aus dem standardisierten Abstand (Freiwurfweite 4,6m und Backbord-Höhe 3,05m). Die Leistung der Teilnehmer wurde hierbei von oben gefilmt und nach einem festgelegten Bewertungssystem (Likertskala von 6 bester Wurf bis 1 kompletter Fehlschlag) bewertet. Die Spieler mussten während des Versuchs zwei Selbstreflexionstests machen.

Die Studie wurde im Rahmen eines Experimentes mit festgelegten Bedingungen durchgeführt. Messinstrumente der Studie waren zum einen Fragebögen und zum anderen das Bewertungssystem der Würfe, die alle nach Likertskalenniveau bewertet wurden. Die unabhängige Variable war das Schießen der Freiwürfe. Als abhängige Variable wurde die Selbstreflexion der Versuchsperson gemessen.

Das Experiment setzte sich zum einen aus dem Fragebogen zur Erfassung der Handlungskontrolle (Hakemp 90; [*Eng. ACS-90*]), bei dem zwölf Situationsbeschreibungen mit je zwei Antwortalternativen vorhanden sind. Diese Situationen werden jeweils entweder handlungsorientiert oder verstandsorientiert ausgelegt. Zweck hiervon war es die Intensität der Handlungsorientierung nach Misserfolgen bei der Tätigkeitsausführung oder bei Entscheidungs-/Handlungsprozessen zu ermitteln. Daraus basierend konnte die Versuchsperson als handlungs- oder verstandsorientiert eingeordnet werden. Zum anderen mussten die Basketballer den Fragebogen zur Messung von wettkampfbezogenen Angstzuständen (WAI-S; [*Eng. CSAI-2*]) ausfüllen, welcher ebenfalls aus 12 Fragen besteht, die mit einer Skala von 1-4 beantwortet wird (1= trifft gar nicht zu bis 4=trifft genau zu). Dieser kann durch das Versuchssetting im Zusammenhang mit der Orientierung der Versuchsperson unterschiedlich stark ausfallen. Zu Beginn des Versuchs führten die Versuchspersonen den Hakemp 90-Fragebogen durch, dann spielten sie sich warm und machten Übungswürfe. Anhand der Leistung während des Warmspielens wurde anschließend der WAI-S Fragebogen bearbeitet. Darauffolgend wurden 10 Freiwürfe gemacht und mit einer verstecken Kamera aufgezeichnet und ohne die Spieler darüber aufzuklären bewertet. Bewertet wurden die einzelnen Würfe mit einem 6-Punkte-System (Nach Hardy & Parfitt). Nach diesem „Ersten-Durchgang" wurden die Spieler nun mit der Selbstaufmerksamkeit konfrontiert, indem die Kamera offensichtlich aufgestellt wurde. Zusätzlich wurde ihnen noch einmal die richtige Wurftechnik gezeigt und ihnen wurden Hinweise wie „Pass auf, was du tust" oder „Achte auch deine Wurftechnik" gegeben. Daraufhin sollten sie erneut den WAI-S Fragebogen ausfüllen und weitere 10 Freiwürfe machen, welche ebenfalls bewertet wurden. Zuletzt wurden die Versuchspersonen über den Versuchsgrund in Kenntnis gesetzt und verabschiedet.[20]

Die Rückführung zu Sokrates` Fragentechnik kann aufgegriffen werden, da er als Pionier für den Ablauf psychologische Forschungen gesehen werden kann. Für die heutige Psychologie sind Forschungen mit Hilfe von Fragenbögen elementar. Bereits Sokrates erkannte, dass diese zu neuen Erkenntnissen verhalfen. Das Beispiel der Studie soll zum

---

[20] Vgl. *Gröpel* (2016)

einen zeigen, inwiefern die griechischen Philosophen für heutige Studien und Forschun-
gen der Psychologie beitrugen, da etliche Elemente ihrer Erkenntnisse wiedererkennbar
sind und auf sie zurückführbar und zum anderen aufzeigen, wie weit die heutige Forschung ist, mit was sie sich beschäftigt und auch vor allem, wie wichtig und notwendig
Methodenfächer, die wissenschaftliches Arbeiten ermöglichen, für die Psychologie sind.
Die Weiterführung der Relevanz psychologischer Methodenfächer sowie die der quantitativen und qualitativen Forschung wird im nächsten Kapitel behandelt.

2 Relevanz psychologischer Methodenfächer für die Ausbildung von Psychologin-
nen und Psychologen

2.1 Quantitative und qualitative Methoden

Verschiedene Fragestellungen und Forschungsgegenstände der Psychologie verlangen
eine unterschiedliche Herangehensweise an die jeweilige Thematik ab. Die Wissenschaft
bedient sich quantitativer und qualitativer Methoden. Der quantitative Ansatz bedient sich
objektiv messbaren (standardisierten) Verfahren, wobei der qualitative Ansatz auf sinn-
verstehende (nicht standardisierte) Verfahren zurückgreift. Bei Möglichkeit allgemein-
gültige Aussagen treffen zu können und Zusammenhänge zu einer Forschungsfrage im
Bezug auf konkrete Variablen zu stellen, wird quantitativ wissenschaftlich agiert. Quantitative Forschungsmethoden sind beispielsweise standardisierte Tests zur Korrelation
und Datenerhebung, Inferenzstatistische Auswertungsverfahren sowie Experimente.
Konkreter werden beispielsweise am Forschungsgegenstand „Ist häufiges Fernsehen ursächlich für geringeren Schulerfolg?" die Variablen, zum einen der Häufigkeit des Fern-
sehens und zum anderen der Schulerfolg, anhand einer aussagekräftigen Stichprobe von
Versuchspersonen mit Hilfe psychologischer Messinstrumente so genau wie möglich gemessen und in Zusammenhang gebracht. Die Erhebung der Ergebnisse wird letztendlich
inferenzstatistisch, durch Berechnung des Korrelationskoeffizienten, ausgewertet.
Die qualitative Herangehensweise bietet die Möglichkeit einer Abbildung von psychologischen Faktoren in konkrete Zahlenwerte nicht. Zu ihren Methoden zählen unstandardi-
sierte Interviews, teilnehmende Beobachtungen, Gruppendiskussionen oder die qualitative Inhaltsanalyse. Eine Forschungsfrage im Rahmen einer qualitativen Methode wäre
beispielsweise „Welche Auswirkung hat Stress auf den Berufsalltag im Polizeiberuf?".

Hierfür werden Gesprächsmethoden angewandt, Tagesabläufe beobachtet und analysiert und freie Interviews geführt. Qualitative Methoden werden vor allem zur Erschließung neuer Themengebiete und Generierung neuer Forschungsfragen eingesetzt. Ein bestmöglicher Erfolg im Hinblick auf den Erkenntnisgewinn einer Forschungsfrage kann durch die Kombination beider Methoden erzielt werden, da die Vorteile beider Methoden genutzt werden können.[21]

2.2 Psychologische Methodenfächer in der Psychologie

Laut der deutschen Gesellschaft für Psychologie gibt es drei Methodenfächer in der Psychologie: Statistik, Forschungsmethoden und Psychologische Diagnostik.

Statistik beschäftigt sich mit den für die Wissenschaft Psychologie relevanten mathematischen Grundlagen. Das Erlernen mit dem Umgang der Daten aus psychologischer Forschung steht hierbei im Vordergrund. Hierzu zählt die deskriptive Statistik (z.B. Mittelwerte), die Wahrscheinlichkeitsberechnung sowie die sogenannte Inferenzstatistik, welche Schlussfolgerungen in Bezug auf psychologische Fragestellungen unterstützt.

Forschungsmethoden sind wichtige Elemente der wissenschaftlichen Psychologie. Häufig gewinnt sie Erkenntnisse aus der Beobachtung des menschlichen Verhaltens. Wie der Begriff erahnen lässt, gilt hierbei die Kenntnisvermittlung, um Methoden zum Erforschen zu entwickeln. Auch wird neben der Entwicklung wissenschaftlicher Untersuchungen gelehrt, wie diese durchgeführt, ausgewertet und kritisch beleuchtet werden.

Die Psychologische Diagnostik befasst sich mit Problemen oder Merkmalen von Personen, Gruppen und Organisationen. Diese werden gründlich diagnostiziert, um letztendlich eine Handlungsempfehlung z.B. in Form einer Therapie zu geben. Psychologische Diagnostik findet sich im Bereich der Psychotherapie, z.B. bei der Erkennung und Beschreibung psychischer Störungen, aber auch im Berufskontext zur Feststellung der Berufseignung oder einer Personalentscheidung, beispielsweise durch Einsatz eines Intelligenztests.[22]

---

[21] Vgl. *Hussy* et al. (2013), S. 9–10
[22] Vgl. *Deutsche Gesellschaft für Psychologie e.V.* (2019)

2.3 Notwendigkeit psychologischer Methodenfächer in der Psychologie

Die Psychologie als Wissenschaft trägt das Ziel auch wissenschaftlich zu agieren, indem sie beständiges Wissen generiert, neue Erkenntnisse schafft und Antworten auf bestimmte Fragestellungen, vor allem zum Erleben und Handeln des Menschen, findet.[23] Hier muss eine klare Abgrenzung zur Alltagspsychologie stattfinden, die zwar versucht ähnliche Fragen wie die wissenschaftliche Psychologie zu beantworten, jedoch auf anderem Wege. Sie bedient sich nämlich Methoden wie der Überzeugungsstrategie, die darauf basiert Behauptungen aufzustellen und diese durch reine Überzeugung als richtig darzustellen, der Berufung auf Autoritäten oder Beispielen. Diese Methoden bieten keinerlei Möglichkeit zur Wiederholung und Überprüfung. Die Wissenschaft möchte jedoch genau das: einen zuverlässigen und allgemeingültigen Weg zu Erkenntnissen. Wenn ein Problem vorliegt, ist ein Problemlösungsprozess adäquat. Ein Problem liegt dann vor, wenn ein Istzustand in Form einer vorläufigen Antwort auf eine Frage in einen Sollzustand, d.h. eine geprüfte Aussage, gebracht werden soll, wobei dies durch eine Barriere erschwert wird. Wie schafft die wissenschaftliche Psychologie diese Barriere zu überwinden? Durch Anwendung psychologischer Methoden. Psychologische Methoden sind Vorgehensweisen zur Beantwortung psychologischer Fragen. Das induktive bzw. das deduktive Vorgehen zählen zu den bekanntesten in der Psychologie. Induktion als Methode des Schlussfolgerns vom Einzelnen auf das Allgemeine und Deduktion der Ableitung vom Allgemeinen auf das Einzelne. Induktives Vorgehen entspricht dabei eher der alltagspsychologischen Herangehensweise und ist wahrscheinlichkeitsbasiert und schwer begründbar. Ein Beispiel sind weiße Schwäne. Aufgrund dessen, dass bisher nur weiße Schwäne gesehen wurden, wird geschlussfolgert, dass alle Schwäne weiß sind. Die induktive Methode leistet jedoch trotzdem ihren Beitrag in der Wissenschaft, in dem sie die Möglichkeit einräumt neue Gesetzmäßigkeiten aufzustellen und die Grundlage für andere wissenschaftliche Methoden bietet. Aufgrund ihres Charakters der Schlussfolgerung vom Einzelnen auf das Gesamte, findet sie in der qualitativen Forschung Anwendung.

Das deduktive Vorgehen macht sich zur Aufgabe eine grundlegende Theorie für die Beantwortung der Forschungsfrage zu finden. Eine Theorie kann dabei auf anfänglichen Überlegungen, aber auch auf einem tieffundierten erforschten Ansatz basieren. Im Unterschied zur induktiven Methode wird im deduktiven Verfahren die Aussage „Alle Schwäne sind weiß" als aufgestellte Theorie überprüft. Es wird für diese Theorie eine

---

13

Hypothese aufgestellt, die als vorläufige Antwort dient. Es wird angenommen bei Aufstellung einer spezifischen Hypothese z.b. „Auch die Schwäne in Neuseeland sind weiß", dass bei Bestätigung auch die Theorie richtig ist. Bei Widerlegung der Hypothese muss die Hypothese einer neuen Überprüfung unterzogen werden.

Übergreifend macht sich die wissenschaftliche Psychologie zur Aufgabe die vier Basisziele Beschreiben, Erklären, Vorhersagen und Verändern zu erfüllen. Das Beschreiben geht im wissenschaftlichen Kontext über das reine Benennen hinaus und umfasst Prozesse wie das Benennen, Ordnen, Klassifizieren, Definieren sowie Angaben zu Häufigkeit bzw. dem Ausprägungsgrad. Die Klärung, wie ein bestimmtes Konzept empirisch erfasst wird, auch genannt Operationalisierung, zählt auch zum Beschreiben. Nach Beschreibung von mindestens zwei Sachverhalten, folgt die Erklärung, die die Abhängigkeit bzw. die Bedingungsverhältnisse zwischen den Sachverhalten beleuchtet. Die Erklärung geht dabei von einem Ursache-Wirkungs-Zusammenhang aus. Genauer gesagt wird ein Sachverhalt A bedingt durch Sachverhalt B oder Sachverhalt A ist ursächlich für Sachverhalt B. Dabei kann ein positiver Zusammenhang (beide Sachverhalte hoch oder niedrig ausgeprägt), ein negativer Zusammenhang (ein Sachverhalt ist niedrig ausgeprägt und der andere hoch) und kein Zusammenhang (zufällige unabhängige Variation voneinander) festgestellt werden. Die Wissenschaft bezeichnet diese Zusammenhangsrelation auch als Korrelation.

Nach Beschreibung und Erklärung bestimmter Sachverhalte folgt eine Vorhersage, auch als Prognose bezeichnet. Vorhersagen bedienen sich den zuvor erstellten Erklärungen und prognostizieren das Eintreten dessen bei zukünftigen Ereignissen. Ein statistisches Prognosemodell, das das Verhalten großer Menschengruppen vorhersagt, wird von individuellen Prognosen, die auf einen konkreten Einzelfall zurückführen, unterschieden.

Das letzte Basisziel in der Psychologie, dem Verändern, kommt vor allem in der klinischen und pädagogischen Psychologie große Bedeutung zu. Verändern kann dreigeteilt werden. Das Beeinflussen als Korrektur richtet sich auf einen problematischen Anfangszustand und versucht durch Intervention das Negative aufzuheben und das Positive zu entwickeln. Von einer Förderung wird gesprochen, wenn trotz eines unproblematischen Anfangszustands ein höherer Zustand bezweckt wird. Die Verhinderung des Eintritts eines negativen Zustands wird als Prävention bezeichnet.[24]

---

[24] Vgl. *Hussy* et al. (2013), S. 1–20

14

Um den vier Basiszielen gerecht zu werden, verpflichtet sich die Psychologie als Wissenschaft einer Systematik psychologischer Methoden, genauer der qualitativen und quantitativen Methoden (siehe 2.1). Da bereits eingangs erwähnt, die quantitative Methode nach standardisierten Verfahren arbeitet, unterzieht sich diese auch den Gütekriterien der Objektivität, Reliabilität und Validität. Ein Test ist dann objektiv bzw. intersubjektiv vergleichbar, wenn unterschiedliche Personen bei Durchführung des gleichen Tests bei Auswertung und Interpretation zum gleichen Ergebnis gelangen. Reliabilität misst die Zuverlässigkeit einer Untersuchung. Im Falle einer Wiederholung dieser wird bei gleichbleibenden Bedingungen ein vergleichbares Ergebnis erwartet. Die Validität besagt, ob ein Test das misst, was er messen soll. Die Gütekriterien qualitativer Forschung sind andere, da sich die Gütekriterien quantitativer Forschung hierbei nicht anwendbar oder übertragbar sind. Dazu zählen die Verfahrensdokumentation, die argumentative Interpretationsabsicherung, die Regelgeleitetheit, die Nähe zum Gegenstand, die kommunikative Validierung und die Triangulation.[25]

Zusammenfassend wird die Bedeutung psychologischer Methodenfächer für die Ausbildung von Psychologinnen und Psychologen deutlich. Um wissenschaftliches Forschen als wissenschaftlich bezeichnen zu dürfen, was bei der Psychologie, die zu den Wissenschaften zählt, elementar ist, bedarf es konkreten Vorgehensweisen. Das induktive und deduktive Vorgehen dient als Grundbaustein zur Erklärung wissenschaftlicher Arbeit zur Erkenntnisgewinnung. Erkenntnisse können nur dann gewonnen werden, wenn die vier Basisziele der Psychologie beachtet werden und möglichst präzise aufgestellt und erarbeitet werden.

Welche Methode für eine bestimmte Untersuchung eingesetzt wird, ist abhängig vom Ziel für diese Forschung. Hierbei wird nicht nur die Methodenklassifikation festgelegt, sondern auch, ob der qualitative oder quantitative Ansatz Anwendung findet. Eine Untersuchung, die einen Forschungsansatz (Festlegung grundlegender Vorgehensweise) fordert, kann quantitativ mit Hilfe z.B. eines Experimentes oder qualitativ mit Hilfe einer Handlungsforschung durchgeführt werden. Hingegen werden bei Erhebungsmethoden quantitativ Daten durch Beobachten, Zählen, Tests usw. sowie qualitativ durch das Interview oder die Gruppendiskussion erhoben. Das Analyseverfahren bedient sich beschreibenden Methoden im quantitativen Ansatz und z.B. der Inhaltsanalyse im qualitativen Ansatz.[26]

---

[25] Vgl. *Hussy* et al. (2013), S. 23-25
[26] Vgl. *Hussy* et al. (2013), S. 27

Die Elemente wissenschaftlicher Arbeit und die dazugehörigen mathematischen Verfahren werden im Fach der Forschungsmethoden und Statistik gelehrt. Die psychologische Diagnostik bedient sich eher den Methoden der Forschung und Statistik und verwendet diese, um Charakteristika von Personen, Institutionen und Situationen aufzustellen und eine Entscheidung für nachfolgende Maßnahmen wie der Beratung, der Therapie und dem Training aufzustellen. [27] Psychologie fungiert somit nur als Wissenschaft, wenn sie sich bestimmter Methoden und Vorgehensweisen bedient und nach strikten Vorgaben arbeitet. Daher ist es elementar für angehende Psychologinnen und Psychologen diese zu verstehen, zu erlernen und auch anwenden zu können.

3 Erkenntnisgewinnung im menschlichen Erleben und Verhalten in der Emotionsforschung

3.1 Das Konstrukt Emotion

Das Konzept Emotion gilt als eines der vielfältigst behandelten Ansätze in der Psychologie[28]. Trotz dessen existiert bis dato keine eindeutige, einheitliche und allgemein gültige Definition des Begriffs[29]. Das hypothetische Konstrukt der Emotion wird in dieser Arbeit als prekäres Merkmal[30] von körperlich-seelischen Reaktionen verstanden. Um solch eine Reaktion hervorrufen zu können, wird ein Umweltreiz aufgenommen, verarbeitet, kategorisiert und beurteilt[31]. Die Verarbeitung von Emotionen nimmt dabei Einfluss auf physiologische Grundlagen. Im Falle der Angst kommt es z.B. zur Veränderung des Herz-Kreislauf-Systems, der Atmung, der Hautveränderungen usw. Physiologische Grundlagen auf Basis der Emotion können willkürlich wie auch unwillkürlich[32] entstehen, was z.B. am Gesichtsausdruck erkenntlich wird. Dieser gibt meistens zu erkennen, ob jemand Freude, Traurigkeit, Überraschung, Ekel, Furcht oder Wut (Basisemotionen nach Paul Ekman) empfindet. Zu beachten ist, dass Emotionen subjektiv wie auch objektiv wahrgenommen und verarbeitet werden. Beispielsweise kann ein Hund, der auf einen zu gerannt

---

[27] Vgl. *Hussy* et al. (2013), S. 28
[28] Vgl. *Raab/Unger* (2001), S. 224
[29] Vgl. *Brandstätter* et al. (2018), S. 164
[30] Vgl. *Wirtz* (2017), S. 439
[31] Vgl. *Hülshoff* (2012), S. 13
[32] Vgl. *Hülshoff* (2012), S. 13

kommt mit Freude, Angst, Ärger oder auch Furcht wahrgenommen werden. Eine Emotion unterzieht sich somit einem Bewertungssystem. Das simpelste Bewertungsschema ist das der „Lust und Unlust".[33]

3.2 Forschung in der Allgemeinpsychologie

Die Allgemeine Psychologie als Teildisziplin des wissenschaftlichen Faches Psychologie beschäftigt sich mit den wesentlichen psychischen Funktionen. Genauer mit dem Erleben und Verhalten von Organismen, insbesondere des Menschen, sowie deren Ursachen und Wirkungen mit der Anforderung der Allgemeingültigkeit.[34] Leitgedanke der allgemeinen psychologischen Forschung ist der Universalismus und Funktionalismus,[35] was daher rührt, dass im Gegensatz zu anderen Teilgebieten der Psychologie die Schwerpunktsetzung fehlt.[36] Relevant im Universalismus sind die grundlegenden Gemeinsamkeiten der zu erforschenden Prinzipien der Wahrnehmung, des Gedächtnisses etc. bei allen Menschen.[37] Der Funktionalismus interessiert sich für die Funktionsprinzipien der Psyche unter Abstraktion von spezifischen Inhalten.[38] Forschungsgegenstand der allgemeinen Psychologie sind somit psychischen Prozesse der Wahrnehmung, der Aufmerksamkeit, des Bewusstseins, der Motivation, der Volition, der Emotion, des Lernens, des Sprechens, des Denkens und des Problemlösens.[39]

3.3 Anwendungsorientierte Forschung

Ein Hauptmerkmal in der psychologischen Forschung ist die Generalisierbarkeit von Ergebnissen. Beispielsweise müssen einem praktischen Problem theoretisch relevante Phänomene zugrunde liegen. Zudem muss klar sein, wie die Ergebnisse dieser Forschung zu einer Erweiterung der Grundlagentheorien beitragen. Die anwendungsorientierte Forschung kann somit als eine Grundlagenforschung im Sinne der Generalisierbarkeit und theoretischen Anbindung verstanden werden. Sie entsteht im Gegensatz zu der Grundla-

---

[33] Vgl. *Brandstätter* et al. (2018), S. 164
[34] Vgl. *Becker-Carus/Wendt* (2017), S. 2
[35] Vgl. *Müsseler/Rieger* (2017), S. 4
[36] Vgl. *Strobach/Wendt* (2018), S. 3
[37] Vgl. *Müsseler/Rieger* (2017), S. 4
[38] Vgl. *Becker-Carus* (2004), S. 2
[39] Vgl. *Müsseler/Rieger* (2017), S. 4–10

genforschung aus praktischen Problemen. Damit schafft sie auch einen praktischen Nutzen für die Anwendung in der weiteren Forschung. Sie beschreibt und begründet ihre Fragestellungen im Hinblick der praktischen Problemstellung. Die reine Grundlagenforschung wird allein durch die theoretische Konsultation initiiert, was sie im Grunde auch ist. Durch diese Unterscheidung wird hier eine Differenz akzentuiert, die v.a. der Veranschaulichung bestimmter Problemlagen dienen soll.[40]

3.4 Neue Erkenntnisgewinnung in der Psychologie des Erlebens und Verhaltens im Hinblick der Interaktion allgemeinpsychologischer Grundlagenforschung und anwendungsorientierter Forschung

Wie die allgemeinpsychologische Grundlagenforschung mit der anwendungsorientierten Forschung interagiert, wird an einem Beispiel der Emotionsforschung veranschaulicht. Die im Jahr 2011 veröffentlichte Studie befasst sich mit dem Thema der Empathie. Empathie, auch emotionale Intelligenz, ist ein Teilbereich der Emotionspsychologie und Fähigkeit zu kognitivem Verstehen und affektivem, d.h. gefühlsbetonten[41], Nachempfinden der vermuteten Emotionen eines anderen Lebewesens. Eine Fähigkeit bezeichnet Häcker (1978) als ein gefestigtes System, das aus der Lebensgeschichte entstandenen Eigenschaften heranzieht, die ein Handeln ermöglichen.[42] Ein emphatisches Handeln ist dabei von Faktoren wie der Disposition, d.h. der Fähigkeit und Bereitschaft einer Person, bestimmte Gedanken und Gefühle zu erleben, bestimmte Leistungen zu erbringen und bestimmte Verhaltensweisen zu äußern,[43] emotionaler Stabilität oder der Zuneigung zum Gegenüber, abhängig. Empathie unterscheidet sich authentisch (höherer affektiver Anteil) und funktional (höherer kognitiver Anteil). Erforscht und getestet wird emotionale Intelligenz vor allem in der Selbst- und Fremdeinschätzung über Leistungstests, aber auch in „Mixed"-Verfahren, z.B. Bar-on 1997.[44]

Für die Studie wurden Daten genutzt, welche im Zuge des „KiVa bullying intervetion" Programms im Mai 2007 in Finnland erhoben und im Jahr 2011 von Kärnä et al. veröffentlicht wurden. Als Forschungsdesign wurde eine Korrelationsstudie (siehe 2.3) verwendet. Die ursprüngliche Stichprobe umfasste insgesamt 8.211 Kinder der dritten bis

---

[40]Vgl. *Brüggemann/Bromme* (2006), S. 112–116
[41] Vgl. *Wirtz* (2017), S. 105
[42] Vgl. *Häcker* (2018)
[43] Vgl. *Schmitt* (2018)
[44] Vgl. *Rindermann* (2018); *Altmann, T.* (2018)

fünften Klassestufe aus insgesamt 425 Klassenräumen an 77 unterschiedlichen finnischen Schulen. Um sicher zu stellen, dass die Bedingungen unter den verschiedenen Klassen vergleichbar waren, wurden Klassen mit weniger als 6 Schülern sowie Klassen mit fehlenden Auswertungen nicht in die Messung mit einbezogen. Somit setzte sich die finale Stichprobe aus insgesamt 6.708 Schülern, davon 49% männlich und 51% weiblich, aus 383 Klassen, davon 32% der 3. Jahrgangsstufe, 33% der 4. Jahrgangsstufe und 36% der 5. Jahrgangsstufe, zusammen. Die Untersuchung hatte Verhaltensweisen und Interaktionen der Kinder im Bezug auf Mobbing innerhalb der Klassenumgebung zum Gegenstand.

Laut der durchgeführten Studie hat Mobbing unter Schülern negative Auswirkungen auf das betroffene Individuum, sowie auf die Mitschüler, die diese Situation als Außenstehende miterleben. Ziel der Forschenden war es, ein besseres Verständnis darüber zu gewinnen, welche Faktoren Schüler beeinflussen, um Mobbingopfer zu verteidigen oder ihre Hilfeleistung zu unterlassen. Die in der Studie genannten psychologischen Theorien legen nahe, dass sowohl emotional-kognitive Faktoren wie Empathie, als auch das Selbstvertrauen der außenstehenden Schüler dem Opfer helfen zu können, die Chancen auf Verteidigung erhöhen. Zusätzlich zu den eben genannten interpersonalen Faktoren wird davon ausgegangen, dass Schulkinder mit einem höheren sozialen Ansehen in der Klassengemeinschaft andere Mitschüler eher verteidigen als weniger sozial angesehene Klassenkameraden. Es wird berichtet, dass Schüler dazu neigen, die Aktionen anderer Mitschüler nachzuahmen. Kinder tendieren eher dazu Schülern mit einem hohen Bekanntheitsgrad nachzueifern als im Status niedrigeren Mitschülern. Sofern sich der Klassenverband im Allgemeinen gegen Mobbing einsetzt, erhöht sich die Wahrscheinlichkeit, dass auch einzelne Schüler mehr gewillt sind, sich für Mobbingopfer einzusetzen. Des Weiteren spielt die so genannte Sozialprestige eine entscheidende Rolle in der Verhaltensentscheidung der Schüler. Der Artikel definiert Sozialprestige als die vorgelebten Werte bzw. die gesellschaftliche Belohnung in Abhängigkeit von bestimmtem Verhalten. Ein weiteres Ziel der Forschungsgruppe war es, den Einfluss des Klassenverbandes auf Individuen in Bezug auf den Umgang mit Mobbing zu untersuchen. Es wird angenommen, dass Schüler in einer Klasse mit einem hohen Mobbinganteil deutlich weniger eingreifen, als solche in Klassen, die ein gesellschaftliches Bewusstsein gegenüber Mobbing aufbauen. Als ausschlaggebend für unterlassene Hilfeleistung bei Mobbing wird mangelnde Unterstützung seitens der Klassenkameraden und die Angst zukünftig selbst zum Opfer zu werden, vermutet. Es wird ebenfalls die Hypothese aufgestellt, dass das soziale Ansehen, die Entscheidung zum Eingreifen oder Nichteingreifen beeinflusst. Es wird davon ausgegangen, dass sozial anerkannte Schüler tendenziell nicht eingreifen, wenn statusähnliche Mitschüler Mobbing ausüben, um die eigene Position und den Respekt in der Gruppe zu wahren. Als Messinstrument dienten internetgestützte Fragebögen, welche während der Schulzeit unter Aufsicht zuvor unterwiesener Lehrer von den Schülern an Computerbildschirmen beantwortet wurden. Für die Bearbeitung wurden sowohl die verschiedenen Fragebögen als auch die Fragen innerhalb jedes Bogens in zufälliger Reihenfolge präsentiert.[45] Anhand dieser emotionspsychologischen Fallstudie wird deutlich wie die Allgemeinpsychologie mit der anwendungsorientierten Forschung in Verbindung tritt und wie relevant die Zusammenarbeit ist. Sie stehen in einem Abhängigkeitsverhältnis zueinander. Ohne Grundlagenforschung ist eine anwendungsorientierte Forschung schwer möglich und greifbar. Das theoretische Fundament ermöglicht eine klare Struktur der verwendeten Begriffe und wird in der Praxis verankert und deutlich.

---

[45] Vgl. *Peets* et al. (2015), S. 913–920

Literaturverzeichnis

Asendorpf, J. (2012), Persönlichkeitspsychologie - für Bachelor, 2. Aufl., Berlin, Heidelberg.

Becker-Carus, C. (2004), Allgemeine Psychologie. Eine Einführung, Heidelberg.

Becker-Carus, C./Wendt, M. (2017), Allgemeine Psychologie. Eine Einführung, 2. Aufl., Berlin.

Beckermann, A. (2011), Das Leib-Seele-Problem. Eine Einführung in die Philosophie des Geistes, Stuttgart.

Brandstätter, V./Schüler, J./Puca, R. M./Lozo, L. (2018), Motivation und Emotion. Allgemeine Psychologie für Bachelor, Berlin, Heidelberg.

Brüggemann, A./Bromme, R. (2006), Anwendungsorientierte Grundlagenforschung in der Psychologie, Psychologische Rundschau, 57. Jg., Nr. 2, S. 112–116.

Buddeberg, C. (2004), Psychosoziale Medizin, Berlin, Heidelberg.

Carrier, M./Mittelstrass, J. (1989), Geist, Gehirn, Verhalten. Das Leib-Seele-Problem und die Philosophie der Psychologie, Berlin, New York.

Deutsche Gesellschaft für Psychologie e.V. (2019), Fächer im Psychologie-Studium, in: https://studium.dgps.de/infos-zum-studium/faecher-im-psychologie-studium/, abgerufen am 7. 5. 2019.

Gröpel, P. (2016), Self-focused attention and motor skill failure. The moderating role of action orientation, Sport, Exercise, and Performance Psychology, 5. Jg., Nr. 3, S. 206–217.

Herzberg, P. Y./Roth, M. (2014), Persönlichkeitspsychologie, Wiesbaden.

Horn, C./Müller, J./Söder, J. R. (Hrsg.) (2017), Platon-Handbuch. Leben - Werk - Wirkung, 2. Aufl., Stuttgart.

Høystad, O. M. (2017), Die Seele. Eine Kulturgeschichte, Wien, Köln, Weimar.

Hülshoff, T. (2012), Emotionen. Eine Einführung für beratende, therapeutische, pädagogische und soziale Berufe : 33 Abbildungen und zwei Tabellen, 4. Aufl., München, Basel.

Hussy, W./Schreier, M./Echterhoff, G. (2013), Forschungsmethoden in Psychologie und Sozialwissenschaften für Bachelor, 2. Aufl., Berlin, Heidelberg.

Knoll, M. (2017), Antike griechische Philosophie, Berlin/Boston.

Müsseler, J./Rieger, M. (Hrsg.) (2017), Allgemeine Psychologie, 3. Aufl., Berlin, Heidelberg.

Peets, K./Pöyhönen, V./Juvonen, J./Salmivalli, C. (2015), Classroom norms of bullying alter the degree to which children defend in response to their affective empathy and power, Developmental psychology, 51. Jg., Nr. 7, S. 913–920.

Raab, G./Unger, F. (2001), Marktpsychologie. Grundlagen und Anwendung, Wiesbaden.

Rauthmann, J. F. (2017), Persönlichkeitspsychologie. Paradigmen - Strömungen - Theorien, Berlin.

Reuter, H. (2014), Geschichte der Psychologie, Göttingen.

Schmithüsen, F. (2015), Lernskript Psychologie. Die Grundlagenfächer kompakt, Berlin.

Sprung, L./Sprung, H. (2010), Eine kurze Geschichte der Psychologie und ihrer Methoden, München, Wien.

Strobach, T./Wendt, M. (2018), Allgemeine Psychologie. Ein Überblick für Psychologiestudierende und -interessierte, Berlin.

Wirtz, M. A. (Hrsg.) (2017), Dorsch - Lexikon der Psychologie, 18. Aufl., Bern.

Internetquellen

Altmann, T. (2018). Empathie. In M. A. Wirtz (Hrsg.), Dorsch — Lexikon der Psychologie. Abgerufen am 16.10.2018, von https://portal.hogrefe.com/dorsch/empathie/

Bergius, R. (2018). Selbstaufmerksamkeit. In M. A. Wirtz (Hrsg.), Dorsch – Lexikon der Psychologie. Abgerufen am 29.10.2018, von https://m.portal.hogrefe.com/dorsch/selbstaufmerksamkeit/

Deutsche Gesellschaft für Psychologie e.V. (2019), Fächer im Psychologie-Studium, in: https://studium.dgps.de/infos-zum-studium/faecher-im-psychologie-studium/, abgerufen am 7. 5. 2019.

Häcker, H. (2018). Fähigkeit. In M. A. Wirtz (Hrsg.), Dorsch — Lexikon der Psychologie. Abgerufen am 16.10.2018, von https://portal.hogrefe.com/dorsch/faehigkeit/

Rindermann, H. (2018). Intelligenz, emotionale. In M. A. Wirtz (Hrsg.), Dorsch — Lexikon der Psychologie. Abgerufen am 16.10.2018, von https://portal.hogrefe.com/dorsch/intelligenz-emotionale/

Schmitt, M. (2018). Disposition. In M. A. Wirtz (Hrsg.), Dorsch — Lexikon der Psychologie. Abgerufen am 16.10.2018, von https://portal.hogrefe.com/dorsch/disposition-1/